¿Qué fue la Gran Depresión?

Janet B. Pascal

Ilustraciones de Dede Putra

loqueleo

SANTILLANA USA

*A mi abuelo Brenner, quien unos días antes de que los bancos
quebraran trajo a casa todo su dinero en un sobre de Manila.
Nunca supimos por qué.*
J.B.P.
Dedicado a mi familia.
D.P.

loqueleo

Título original: *What Was the Great Depression?*
© Del texto: 2015, Janet B. Pascal
© De las ilustraciones: 2015, Penguin Random House LLC.
Todos los derechos reservados.

Publicado en español con la autorización de Grosset & Dunlap, un sello de Penguin Young
Readers Group, una división de Penguin Random House LLC

© De esta edición:
2016, Santillana USA Publishing Company, Inc.
2023 NW 84th Avenue
Miami, FL 33122, USA
www.santillanausa.com

Dirección editorial: Isabel C. Mendoza
Coordinación de montaje: Claudia Baca
Servicios editoriales de traducción por Cambridge BrickHouse, Inc.
www.cambridgebh.com

Loqueleo es un sello de **Santillana**. Estas son sus sedes:
ARGENTINA, BOLIVIA, BRASIL, CHILE, COLOMBIA, COSTA RICA, ECUADOR, EL SALVADOR,
ESPAÑA, ESTADOS UNIDOS, GUATEMALA, MÉXICO, PANAMÁ, PARAGUAY, PERÚ, PORTUGAL,
PUERTO RICO, REPÚBLICA DOMINICANA, URUGUAY Y VENEZUELA

¿Qué fue la Gran Depresión?
ISBN: 978-1-631-13414-2

Published in the United States of America
Printed in USA by Whitehall Printing Company

20 19 18 17 16   1 2 3 4 5 6 7 8 9 10

Índice

¿Qué fue la Gran Depresión?

En el otoño de 1928, Herbert Hoover, futuro presidente de Estados Unidos, anunció: "En la actualidad, Estados Unidos está más cerca de derrotar completamente la pobreza como nunca antes en la historia de ningún país". La mayoría de los ciudadanos estuvieron de acuerdo. Nunca antes se había vivido tan bien. Solo el cuatro por ciento de la población estaba desempleada, es decir, cuatro de cada cien trabajadores.

Un poco más de un año después, se desató el pánico financiero. El mercado bursátil de Nueva York se desplomó. Los millonarios se fueron a la ruina. Los ciudadanos comunes lo perdieron todo.

1

La crisis se extendió desde el mercado bursátil hacia el resto del país. Los bancos y negocios cerraron. Los ahorros de toda la vida de las personas desaparecieron. Muchos perdieron su empleo y su vivienda. Hacia 1933, uno de cada cuatro estadounidenses no tenía trabajo. La crisis pronto se extendió por todo el mundo.

A este período se le llama la Gran Depresión. Sigue siendo el peor desastre financiero que el mundo

moderno haya conocido jamás. Todo el dinero, los bienes, los negocios y los trabajadores que hacen funcionar un país conforman su economía. Durante la Gran Depresión, la economía se vino abajo casi totalmente. Para los que vivieron aquello, parecía como un mal sueño que no acabaría. ¿Qué había sucedido? ¿Cómo se terminaron los buenos tiempos tan rápidamente?

Capítulo 1
Hora de divertirse

Los felices años veinte, la nueva era, la era del jazz... Todos estos nombres usados para referirse a la década de 1920 nos indican que durante esos años la vida fue muy emocionante. El horror

de la Primera Guerra Mundial quedaba atrás. El mundo estaba en paz. Todos ganaban dinero y era hora de divertirse.

La electricidad y las líneas telefónicas unían a más y más lugares. Aparatos que ahorraban trabajo y facilitaban la vida diaria comenzaron a verse por todas partes. Los automóviles eran lo suficientemente baratos como para que pudieran comprarlos las familias de clase media. Aparecieron carreteras por todos lados. En poco tiempo, todo el país estaba al alcance de cualquier persona que tuviera un auto. La gente abría los periódicos todos los días y veía

anuncios que los impulsaban a salir, gastar dinero y divertirse. En todo el país se disfrutaban los mismos programas de radio y películas. En la mayoría de las ciudades había enormes "palacios" de lujo que exhibían películas, y donde el público se sentía como de la realeza.

Más y más personas se mudaban a las ciudades. Cuando comenzó la Primera Guerra Mundial, más de la mitad de la población de Estados Unidos vivía en el campo. A finales de los años veinte, casi seis de cada diez personas vivían en ciudades.

La Ley Seca

En 1920, el gobierno de Estados Unidos prohibió la venta de bebidas alcohólicas. Esta ley fue llamada Ley Seca. Pero esto no impidió que las personas siguieran bebiendo. Durante los felices años veinte, se puso de moda ir a bares clandestinos. Las personas que producían o contrabandeaban bebidas fueron llamadas "contrabandistas". El poder que tenían los contrabandistas durante la Ley Seca llevó al surgimiento de organizaciones de gánsteres como la Mafia. Durante la Depresión, muchas personas sobrevivieron volviéndose contrabandistas. Políticos como Franklin Delano Roosevelt, que querían poner fin a la Ley Seca, fueron conocidos como los "mojados".

Era una época nueva y emocionante, llena de lugares adonde ir y productos que comprar. Había una manera nueva de pagar: con crédito fácil. Anteriormente, la mayoría de los estadounidenses creía que pedir dinero prestado era algo malo. En todo caso, era difícil obtener un préstamo de un banco para cualquier persona que no fuera rica. Pero ahora era muy fácil pedir prestado. Las personas compraron lavadoras de lujo y aspiradoras nuevas dando una pequeña cantidad de dinero como adelanto. Prometían pagar el resto poco a poco, en mensualidades. La década de 1920 fue la época de "compre ahora, pague después".

Lo de "compre ahora, pague después" no solo era para radios y aspiradoras. También se podían comprar acciones con dinero prestado.

Ya existían las acciones desde hacía mucho tiempo. Básicamente funcionan así: un inversionista compra un número de acciones de una empresa, como Microsoft. Ahora es dueño de una pequeña parte de la empresa. Cuando a esta le va bien, el

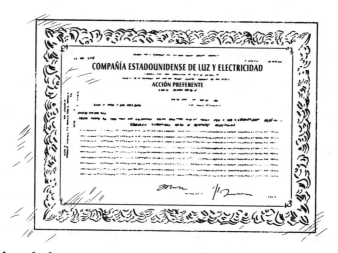

COMPAÑÍA ESTADOUNIDENSE DE LUZ Y ELECTRICIDAD

ACCIÓN PREFERENTE

valor de las acciones aumenta. Cuando le va mal, las acciones valen menos. Si la empresa quiebra, no valen nada. El valor de las acciones cambia constantemente, y las acciones pueden venderse en cualquier momento al valor que tienen en ese momento. Las personas esperaban descubrir una empresa antes de que fuera bien conocida. Entonces podían comprar sus acciones más baratas. Si la empresa se volvía muy exitosa, el valor de las acciones se disparaba, y un inversionista con suerte podía hacer una fortuna.

En la década de 1920, el mercado bursátil era un lugar emocionante. El valor de las acciones seguía subiendo y subiendo. Parecía una forma de apostar donde todos podían ganar. Incluso las personas que no sabían nada sobre negocios querían probar suerte. El lugar más importante donde se compraban y vendían acciones era Wall Street, en la ciudad de Nueva York.

Wall Street

Wall Street se ubica en el centro ("downtown") de Manhattan. Su nombre proviene del muro que alguna vez estuvo en el límite norte de la ciudad. A finales del siglo XVIII, allí comenzaron a reunirse hombres bajo un árbol para comerciar. El lugar se convirtió en la zona principal de negocios de la ciudad. En 1903, en aquel lugar se construyó la Bolsa de Valores de Nueva York. Los hombres ricos podían comprar un asiento en la Bolsa de Valores. Solo las personas con asiento podían negociar las acciones.

Quienes negociaban las acciones para otras personas eran llamados "corredores de bolsa". Debido a que se hacían tantos negocios en Wall Street, se empezó a usar ese nombre para referirse a las transacciones financieras realizadas en cualquier parte del país.

Cuando los pequeños inversionistas hacían dinero en el mercado bursátil, generalmente compraban más acciones, con la esperanza de hacerse aún más ricos. Esto no parecía un riesgo, porque el valor de muchas acciones seguía aumentando. Incluso las personas sin dinero querían comprar acciones. Para ello pidieron dinero prestado. Hacia 1929, casi la mitad del dinero prestado por los bancos fue usado para comprar acciones.

La Bolsa de Valores de Nueva York

El gobierno no intentó controlar el mercado bursátil. Algunos economistas creían que sí debía hacerlo. Advirtieron que las cosas se estaban saliendo de control. El entusiasmo crecía y se pagaba más por las acciones de lo que realmente valían. Un día los precios se desplomarían, y muchas personas perderían mucho dinero. Pero nadie quiso escuchar.

Los precios de las acciones llegaron a ser tan altos que tenían poco que ver con la realidad. Si las personas se enteraban de que una empresa era popular, se arrebataban las acciones sin preguntarse si la compañía tenía algo que valiera la pena vender. Luego las vendían rápidamente a un precio más alto. El siguiente comprador las vendía por más dinero y así sucesivamente. A este crecimiento fuera de control se le llama "burbuja". Las burbujas no solo se producen con las acciones. Otra famosa burbuja surgió en Holanda en 1637 en el mercado de bulbos de tulipán. La gente se entusiasmó tanto con los tulipanes que pagaban el valor de una casa por un bulbo de tulipán.

Mientras haya personas que estén dispuestas a comprar un producto, su precio se dispara sin ninguna conexión con su valor real. La burbuja se hace cada vez más grande.

El problema con las burbujas es que estallan. Con el tiempo, el precio es tan alto que todos comienzan a preguntarse si el artículo realmente vale la pena. Para aquellos que logran vender a tiempo no sucede nada lamentable. Pero los que no, se quedan con algo que ya no tiene valor. Es como el juego de la papa caliente.

La burbuja de las tierras de la Florida

En la década de 1920, los promotores inmobiliarios describían a la Florida como un paraíso. Todos querían comprar tierras allí. Las tierras de la Florida llegaron a ser tan populares que algunos lotes eran comprados y vueltos a vender diez veces en un mismo día. Incluso algunos compraban lotes sin verlos primero. Entonces, pasó un enorme huracán. De pronto ya nadie quería tierras en la Florida. Mucha gente descubrió que sus tierras estaban en un pantano o incluso bajo el agua. Su dinero había desaparecido.

ORLANDO

TAMPA

FLORIDA

GOLFO
DE MÉXICO

MIAMI

Capítulo 2
Estalla la burbuja

La burbuja del mercado bursátil de 1929 estalló violentamente. Al 24 de octubre de 1929, se le conoce como Jueves Negro. Ese día, los precios de las acciones comenzaron a caer y siguieron cayendo. De repente, todos querían vender sus acciones. Eso hizo que los precios cayeran aún más.

Los precios cayeron tan rápido, que nadie podía llevar un control. Una multitud asustada se reunió frente a Wall Street, el centro del mundo de los negocios. Alguien vio a un obrero de la construcción en

la parte superior de un edificio alto. Pensaban que era un empresario arruinado a punto de suicidarse. Pronto se comenzaron a propagar falsos rumores de que cientos de millonarios que habían perdido todo su dinero se estaban lanzando a la muerte.

El pánico terminó al mediodía. Un grupo de empresarios importantes juntaron su dinero. Uno de ellos entró al edificio de la Bolsa de Valores. En voz alta y calmada, comenzó a comprar acciones a precios altos. Esto convenció a las personas de que las acciones, al fin y al cabo, estaban seguras. Durante unos días los precios comenzaron a subir otra vez, y todos se calmaron.

Pero la crisis no había terminado. El lunes, los precios comenzaron a caer aún más rápido. Hacia la mañana del martes 29 de octubre, el pánico había tomado el control totalmente. Incluso nadie había escuchado el repique de la campana que anunciaba el inicio de la jornada de negociación de acciones de Wall Street. Fue ahogada por los gritos de "¡Vendo! ¡Vendo!". Un guardia de la sala describió a la multitud así: "Rugían como un montón de

leones y tigres… Era como un montón de chiflados". Ese día se vendieron más acciones que nunca antes. Se perdió dinero con cada venta. Millones de dólares simplemente desaparecieron.

Los precios de las acciones se enviaban por telégrafo a todo el país en tiras largas de papel llamadas cintas de teletipo. El teletipo podía imprimir 285 palabras por minuto. Ese día se imprimieron quince mil millas de cinta. Pero no fue suficiente.

La máquina de teletipo tenía cuatro horas de retraso. Esto significaba que nadie podía averiguar siquiera cuánto dinero había perdido.

Telégrafos

Un telégrafo es una forma de enviar señales eléctricas a través de un alambre. En Estados Unidos, fue desarrollado por Samuel Morse, a partir de 1837. Antes del telégrafo, tomaba varios días que una noticia llegara de una parte del país a otra. Con el telégrafo era posible enviar un mensaje casi al instante. Durante el auge del mercado bursátil, se enviaba información sobre los precios de las acciones de Wall Street a todo Estados Unidos. Reunirse en la oficina del corredor de bolsa local para ver cómo subía el valor de sus acciones se convirtió en un pasatiempo popular de mucha gente.

Samuel Morse

El 29 de octubre, el llamado Martes Negro, fue el peor día en la economía de Estados Unidos. Pero nadie entendía lo que había sucedido. Empresarios y banqueros famosos le seguían diciendo al público que lo peor ya había pasado; que la economía seguía siendo fuerte y estable.

Estaban equivocados.

Después del desplome, la gente comenzó a darse cuenta de que había estado viviendo una fantasía. El auge del mercado bursátil había estado ocultando la verdad. Incluso durante los mejores tiempos, solo un pequeño número de estadounidenses se había estado enriqueciendo. El resto solo había estado gastando más dinero. En realidad, dos grandes

grupos se habían vuelto más pobres: los obreros no calificados y los agricultores.

Muchos habían creído en la idea de que todo el mundo podía ser rico. Gastaron dinero que no tenían comprando bienes a plazos. La diferencia entre los ricos y los pobres era enorme y se hacía cada vez más grande. Hacia 1929, los hombres más ricos de Estados Unidos, que eran unos pocos, tenían más dinero que todos los agricultores del país juntos.

La idea de tiempos cada vez mejores había parecido muy real. Esto se debió en parte a que había  muchas cosas que comprar. Las líneas de montaje hicieron más rápido y más fácil que nunca producir aparatos baratos. Las fábricas producían cientos de radios, aspiradoras, lavadoras y sobre todo automóviles. Pero no había suficientes personas para comprar todo. Las empresas estadounidenses producían más de lo que podían vender.

Después del desplome, algunos millonarios se vieron sin un centavo. Pero muchos habían descubierto a tiempo lo que estaba sucediendo. Salvaron al menos una parte de su fortuna. Los que sufrieron más fueron las personas comunes que se dejaron llevar. Aquellos que habían comprado acciones con dinero prestado se daban cuenta ahora del riesgo que habían corrido. Las acciones ya no valían nada, pero ellos aún tenían que pagar los préstamos.

Estilos de vida de los más ricos

No todo el mundo se volvió pobre durante la Depresión. Bárbara Hutton, nieta del fundador de los almacenes Woolworth, hizo su baile de debutantes en 1930 en el Hotel Ritz-Carlton de Nueva York. El hotel fue decorado para que pareciera un jardín iluminado por la luna. Se dice que solo las flores costaron 60,000 dólares. Bárbara llevaba un vestido de satén traído de París. Tocaron cuatro orquestas. Se les sirvió champagne a mil invitados, aunque era ilegal debido a la Ley Seca. En 1933, a la edad de veintiún años, Bárbara Hutton ya valía 50 millones de dólares.

Capítulo 3
Quiebran los bancos

Aquellas personas que habían permanecido alejadas del mercado bursátil ahora se sentían recompensadas. No habían sucumbido a la avaricia, por lo que su dinero todavía estaba seguro en el banco. Pero por desgracia, no era así.

Los bancos también tenían dificultades. Durante los años del auge, los bancos habían prestado bastante dinero a clientes que querían comprar acciones. Ahora muchos no podían pagar los préstamos. Peor aún: muchos bancos habían apostado dinero en el mercado bursátil y lo habían perdido.

Los bancos no guardan la mayor parte del dinero depositado. Hacen préstamos a empresas que a cambio pagan intereses. Así es como los bancos obtienen ganancias. Pero ahora, circulaban rumores de que los bancos habían perdido todo su dinero por hacer malos préstamos. Todos temían que su banco quebrara. Así que mucha gente corrió a sacar su dinero antes de que fuera demasiado tarde.

Grandes multitudes enojadas hacían fila fuera de los bancos. Los primeros clientes de la fila recibieron su dinero. Pero eran demasiadas las personas que querían que les devolvieran su dinero al mismo tiempo. Pronto, la pequeña cantidad de dinero en efectivo que tenían a mano los bancos se agotó. Así que tuvieron que cerrar sus puertas hasta conseguir algo de lo que habían prestado a otros. Pero algunos bancos habían invertido gran parte de su dinero en acciones que ya no valían nada. No pudieron conseguir más dinero. Tuvieron que permanecer cerrados para siempre.

Una gran avalancha de quiebras bancarias se propagó por todo el país. Hacia 1933, aproximadamente once mil bancos habían quebrado. Eso era casi la mitad de los bancos de Estados Unidos. Cualquiera que hubiera depositado sus ahorros en un banco que cerró lo había perdido todo.

Una de las peores cosas de la quiebra de los bancos fue el temor que sembraron. Incluso quienes no habían perdido dinero tenían miedo de volver a usar un banco. Los bancos que permanecieron abiertos lucharon por sobrevivir. Tuvieron que exigir que sus préstamos fueran pagados. Si alguien no podía pagar, entonces el banco le embargaba alguna propiedad valiosa. Fue así como muchas personas perdieron sus casas o granjas.

La economía de Estados Unidos cayó como un castillo de naipes. Cada fracaso empobreció más a las personas y las llenó de miedo. Esto empeoró las cosas y condujo a más fracasos. Incluso aquellos con dinero tenían miedo a gastar. De pronto ya nadie compraba todos esos autos, radios y aparatos

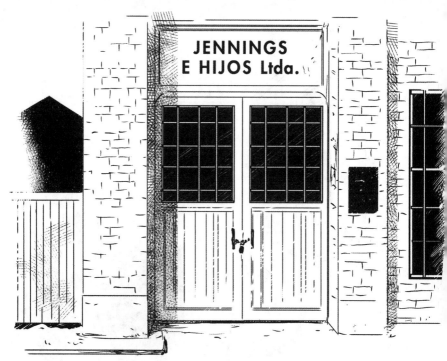

eléctricos. Entonces, las fábricas que los producían tuvieron que cerrar. Todos los que trabajaban en ellas se quedaron sin empleo. Aumentó el desempleo. Cada vez menos personas tenían lo suficiente para seguir viviendo.

Hacia 1933, uno de cada cuatro estadounidenses en busca de empleo no podía encontrarlo. Más de la mitad de los afroamericanos estaban desempleados. La Depresión se extendió desde Estados Unidos hacia el resto del mundo.

Capítulo 4
Hoovervilles y vagabundos

La Depresión trajo sufrimientos terribles. La situación fue peor para las personas más pobres, es decir, los agricultores y los obreros de las fábricas. Muchos de los que se quedaron sin empleo no pudieron encontrar otro trabajo. Algunos habían perdido sus ahorros cuando los bancos quebraron. Al no poder pagar el alquiler, fueron desalojados de sus apartamentos. Los que pudieron se fueron a vivir con algún pariente, pero muchos se encontraron de repente solos en la calle.

Desvencijados barrios de invasión (o "campos de ocupaciones ilegales") surgieron en lotes vacíos para albergar a las miles de personas que se quedaron sin vivienda. En estos barrios había casuchas hechas de cualquier cosa que la gente encontraba por ahí: papel de alquitrán, letreros viejos, llantas usadas

y chatarra. No había electricidad ni acueducto. Las enfermedades se propagaban rápidamente. La mayoría de las ciudades consideraba que los barrios de invasión eran un peligro para la salud y los trataban de echar abajo. Pero surgían otra vez. Los desamparados no tenían otro lugar adonde ir.

En algunos de los barrios de invasión había unas pocas casuchas. Pero otros albergaban a varios miles de personas. Los más grandes crecieron y se

convirtieron en pequeñas ciudades que tenían "alcaldes" no autorizados. Tenían reglas para mantener el lugar limpio y seguro y para protegerse de los incendios. Algunos incluso tenían calles con números de casa, así que las personas podían recibir su correo. La mayoría de las personas que vivían en estos barrios eran hombres, aunque en algunas casuchas vivían familias enteras.

Estos asentamientos fueron llamados *Hoovervi-lles* ("pueblos de Hoover"). Esto no era un cumplido para el presidente Hoover. Él le seguía diciendo a la nación que la prosperidad estaba a la vuelta de la esquina. Las personas que se habían quedado sin vivienda estaban enojadas con él. Llamaron "mantas de Hoover" a los periódicos que usaban para taparse mientras dormían. "Cuero de Hoover" era el cartón que usaban para cubrir los agujeros de sus zapatos. Y una "bandera de Hoover" era un bolsillo doblado hacia afuera para mostrar que la persona no tenía ni un centavo.

Por un buen tiempo, las calles de la ciudad de Nueva York se llenaron de vendedores de manzanas. Los productores de manzanas que no podían obtener un buen precio por su cosecha permitían que las personas desamparadas compraran cajas de frutas muy baratas. Luego los hombres vendían las frutas en la calle a cinco centavos cada una. Solo en la ciudad de Nueva York, casi seis mil hombres vendían manzanas. Pero muy pocas personas podían pagar siquiera cinco centavos.

La mayoría de las ciudades tenía maneras de ayudar a los necesitados. Pero los programas de caridad no daban abasto para atender a la gran cantidad de personas hambrientas. Hombres y mujeres desesperados hacían lo que podían para buscar comida. Algunos *Hoovervilles* tenían pequeñas huertas. Algunos cazaban conejos, que eran conocidos como "cerdos de Hoover", el tocino del pobre. (En el Sur, "un cerdo de Hoover" era un armadillo). Se hacía cola en basureros, a la espera de los

Cerdo de Hoover

camiones que traían sobras de los restaurantes. Las madres enviaban a sus hijos a tocar timbres de casa en casa. Tenían la esperanza de que aquel que abriera la puerta se compadeciera de unos niños hambrientos y les diera algo de comer.

Muchas personas hacían cola en lugares donde repartían pan y sopa. Estos lugares eran administrados por instituciones de beneficencia privadas. Uno de los primeros comedores públicos de Chicago era administrado por Al Capone, el gánster. Ver personas haciendo fila para recibir pan se convirtió en algo común, por todo el país. Las filas se extendían por varias cuadras. Hombres que estaban acostumbrados a mantener a sus familias esperaban que les dieran una barra de pan para llevar a casa. Muchos se avergonzaban de que los vieran en público pidiendo limosna. Pero no tenían otra alternativa. Peor aún: el pan a veces se agotaba antes de que se terminara la fila. Por esta razón la sopa era tan popular. En un comedor público siempre se podía agregar más

agua para que la sopa rindiera más. En la ciudad de Nueva York, se entregaban gratis unas ochenta y dos mil comidas al día.

Incluso durante el peor momento de la Depresión, la vida diaria no se paralizó. La mayoría de los estadounidenses aún vivían una vida bastante normal. La mayoría todavía tenían empleo. Aún existían escuelas, tiendas y restaurantes. La economía avanzaba con dificultad pero nunca fracasó totalmente. A pesar de eso, aun las personas a las que les iba bien estaban asustadas. Vestían ropa de segunda mano y aprendieron a almacenar papel usado y trozos de cuerda y a hacer que la comida rindiera más añadiendo rellenos baratos.

El entretenimiento gratuito se convirtió en parte importante de la vida. Los juegos de mesa, por ejemplo, se volvieron muy populares. En la década de 1930, las personas comenzaron a

jugar Monopolio. En este juego, los jugadores podían imaginar que eran adinerados hombres de negocios. Competían entre sí para hacer enormes "fortunas". Las familias también se reunían alrededor de la radio para escuchar radionovelas, comedias y relatos de aventuras. Aquellos que podían darse ese lujo, acudían en masa a ver películas como *King Kong* y las protagonizadas por Shirley Temple. Las películas les ofrecían un descanso de las dificultades de su vida cotidiana, a bajo precio.

Muchos hombres tenían la esperanza de que hubiera más empleos en otro lugar. Así se convirtieron en vagabundos, viajando por el país en busca de empleo. La mayoría viajaba trepándose a trenes de carga. Era muy peligroso. Se corría el riesgo de caer bajo un vagón de tren en movimiento. Puesto que los vagones no tenían calefacción, a veces los vagabundos morían congelados. Las compañías de ferrocarriles contrataron a guardias

armados, conocidos como "toros", para expulsar a los polizones de los trenes.

Al menos 250,000 adolescentes, algunos de apenas once años, se volvieron vagabundos. Muchos jóvenes dejaron su hogar para que sus familias tuvieran una boca menos que alimentar. A algunos también los entusiasmaba la idea de la aventura. Rápidamente descubrieron que la vida en las carreteras no era romántica. Los vagabundos adolescentes eran baleados por los toros de los ferrocarriles, perseguidos fuera de la ciudad o morían en accidentes. Pasaban días sin comer. El gran cantante de música *folk* Woody Guthrie viajó por los rieles cuando era adolescente. Nunca olvidó la sensación de viajar con tantas personas hambrientas y desesperadas: "Dormíamos apoyando la cabeza unos sobre otros. Podía oler el sudor rancio y amargo empapando mi propia camisa y pantalones caqui y la ropa de trabajo... Parecíamos una cuadrilla de cadáveres rumbo al cementerio".

Los vagabundos no eran vagos. Estaban ansiosos por trabajar. Muchos iban

Woody Guthrie

buscando cosechas por todo el país. Llegaban a tiempo para recoger lo que estaba maduro y se iban cuando la cosecha terminaba. Pero había tantos de ellos compitiendo por el trabajo que lo que les pagaban era casi nada.

Una comunidad de cooperación surgió entre los vagabundos. Establecieron campamentos cerca de las principales estaciones ferroviarias de cada ciudad. Cualquiera que llegara estaba invitado a quedarse. Todos reunían su comida. Echaban lo que tuvieran en una olla para hacer algo que llamaban "guiso comunitario".

Capítulo 5
Perder la granja

En otros tiempos difíciles, los agricultores se las
habían arreglado mejor que los habitantes de las ciudades. Después de todo, no importaba cuán malas
se pusieran las cosas, por lo menos podían alimen-
tarse. Pero por desgracia, incluso antes de la Gran
Depresión, muchos agricultores estadounidenses ya
tenían dificultades.

Durante la Primera Guerra Mundial, los granjeros habían prosperado. El gobierno necesitaba las granjas para producir suficientes alimentos para los soldados. Muchos jornaleros habían partido con el ejército, por lo que los agricultores compraron costosos tractores y cosechadoras para hacer el trabajo que antes habían hecho estos hombres. Y compraron más tierras para cultivarlas. Para pagar todo eso, pidieron préstamos.

Lamentablemente, cuando terminó la guerra, el gobierno ya no compraba grandes cantidades de alimentos. Puesto que las granjas habían estado produciendo más y más cada año, de repente tenían más productos de los que podían vender. Esto hizo que los precios de los alimentos bajaran tanto que los agricultores perdían dinero en cada venta.

Durante la Depresión, mucha gente moría de hambre. Sin embargo, en las granjas, los alimentos se echaban a perder. Los agricultores tenían cultivos que no podían cosechar o vender. Por lo tanto, dejaban que el trigo se pudriese en los campos. La leche se vertía por el desagüe.

Si los agricultores no podían pagar sus préstamos, los bancos tomaban posesión de sus granjas y las subastaban. En una subasta varias personas hacen una oferta para comprar algo, y el artículo se le vende al mejor postor. Tradicionalmente, los agricultores estadounidenses han tenido el espíritu de ayudar a sus vecinos. En esta época, se les ocurrió la idea de la "subasta de centavos".

Cuando alguien perdía su granja, todos los vecinos acudían a la subasta. No dejaban que los forasteros hicieran ofertas. A veces incluso colgaban una soga de un árbol cercano para asegurarse de que este

mensaje fuera claro para los forasteros. Luego los vecinos hacían ofertas a precios absurdamente bajos. Por ejemplo, alguien quizá compraba una vaca por cinco centavos. Cuando todo había sido vendido, el banco habría ganado solamente unos pocos dólares. Luego los nuevos "dueños" de la granja le devolvían todo al dueño original.

Sin embargo, como cada vez eran más los agricultores que enfrentaban dificultades, se volvió más difícil llevar a cabo las subastas de centavos. Hacia 1932, al menos uno de cada tres agricultores había perdido su granja a manos de un banco.

Capítulo 6
Roosevelt al rescate

En realidad no es justo culpar al presidente Hoover de causar la Gran Depresión. Llevaba menos de ocho meses en el cargo cuando el mercado bursátil se desplomó. Sin embargo, era claro que estaba en sus manos hacer algo.

Pero, ¿cuánto debía hacer el gobierno? En aquel momento, la mayoría de los economistas (personas que estudian cómo funcionan los negocios) creían

que el gobierno debía mantenerse al margen. Era triste que las personas sufrieran. Pero si el gobierno intentaba arreglar las cosas, solamente las empeoraría. Se debía dejar en paz la economía. Así, los problemas se resolverían solos. Quizá algunas personas débiles o indefensas no podrían arreglárselas solas. Pero ninguna acción del gobierno podría, en realidad, ayudar a estas personas. La intervención del gobierno haría más daño que bien. Estos economistas decían que el proceso sería doloroso pero necesario.

De alguna manera, Hoover no estaba de acuerdo con este pensamiento. Al parecer tenía claro que se necesitaba algún tipo de ayuda para poner otra vez en marcha "la maquinaria del país". Les pidió a los empresarios que invirtieran en proyectos que fortalecieran la economía. Pero no creía que el gobierno debía aprobar leyes para controlar a las empresas. Esperaba que los empresarios hicieran lo correcto por su propia cuenta.

Hoover creía que el gobierno no debía dar dinero de caridad. Pero sí creía que el gobierno podía desempeñar algún papel. Podía apoyar a las instituciones benéficas privadas dándoles buenos consejos. También financió algunos proyectos públicos que crearían empleos. El más importante fue la presa Hoover en el río Colorado. La presa Hoover suministraba energía eléctrica e irrigación para el área circundante.

Escaladores de altura trabajan
en la presa Hoover.

La construcción de la presa creó aproximadamente 5,000 empleos. Pero alrededor de 20,000 personas llegaron, con la esperanza de conseguir trabajo.

Hoover creía firmemente que reducir los impuestos ayudaría a reactivar la economía. También autorizó préstamos del gobierno para bancos, ferrocarriles y compañías de seguros. Los críticos decían que él solo ayudaba a los millonarios que ya tenían dinero.

Hoover se guiaba por una idea muy fuerte: el gobierno nunca debía ofrecerles dinero directamente a las personas, sin importar la causa. Esto sería quitarles su independencia. Destruiría el espíritu que hizo grande a Estados Unidos. Así que no le importó usar dinero del gobierno para alimentar al ganado hambriento. Eso apoyaba a la ganadería. Pero se negó a financiar un plan que pagara por alimentar a las familias campesinas con hambre. Eso habría sido como dar limosna.

Hoover creía que ayudar a las personas pobres era el trabajo de las instituciones benéficas privadas. En 1931, anunció que la Cruz Roja podía ayudar a cualquier persona que pasara necesidad. "Nadie va a pasar hambre y nadie debe pasar hambre o frío", insistió.

Estaba equivocado.

Hacia 1932, casi la mitad del país vivía en la pobreza. Las personas se morían de hambre. Las instituciones benéficas privadas no podían hacerse

cargo de un problema tan grande. En los montes Apalaches, una zona muy pobre del país, algunos niños comían hierbas o se chupaban los dedos. Una maestra de ese lugar le preguntó a una niña si había comido ese día. La niña le respondió: "No puedo. Hoy le toca comer a mi hermanita".

El presidente Hoover se estaba convirtiendo en uno de los hombres más impopulares del país. Más al norte, en Albany, el gobernador de Nueva York observaba lo que estaba sucediendo. Su nombre era Franklin Delano Roosevelt, a menudo conocido como FDR. Roosevelt creía que el gobierno estaba para ayudar a todos los que lo necesitaran. Antes de perder su empleo, decía, las personas habían contribuido al país. Ahora el país les debía algo a cambio.

FDR estableció una agencia en el estado de Nueva York llamada la Administración Temporal

de Asistencia de Emergencia (TERA, por sus siglas en inglés). TERA se encargaba de que los desempleados tuvieran suficiente dinero para sobrevivir. También trabajó para crear empleos. Era administrada por el gobierno, no por instituciones benéficas privadas, y financiada con dinero de los impuestos. Roosevelt quería ver programas como TERA por todo Estados Unidos. Así que decidió postularse para la presidencia.

En 1932, otra crisis hizo que Hoover fuera aún menos popular. En 1924, el Congreso había votado para pagar un bono a todos los que habían luchado en la Primera Guerra Mundial. Pero el bono no se pagaría hasta 1945. Sin embargo, los veteranos (antiguos soldados) estaban reclamando el pago del bono en ese momento. En mayo, más de 15,000 veteranos, junto con sus esposas e hijos, marcharon a Washington. Se establecieron en un enorme barrio de invasión y esperaron a ver si el gobierno aceptaba. No fue así. El Senado votó "no" al pago adelantado del bono.

Todo el mundo temía un brote de violencia después de esta decisión. Pero los veteranos cantaron a coro "America the Beautiful" y volvieron tranquilamente a su barrio.

Sin embargo, muchos de ellos se quedaron en Washington, a pesar de que Hoover les dijo que el gobierno pagaría los viajes de regreso a casa.

Finalmente, el 28 de julio, Hoover ordenó a la policía

PAGUEN EL BONO

que los expulsara a todos. Algunos veteranos se resistieron. Dos recibieron disparos y murieron. Hoover envió entonces al ejército. Usando bayonetas, gases lacrimógenos y tanques, el ejército expulsó a los veteranos desarmados y quemó el barrio de invasión hasta reducirlo a escombros.

Cuando Roosevelt escuchó la noticia dijo: "Bueno, esto hará que yo salga elegido".

Estaba en lo cierto. En noviembre de 1932, fue elegido presidente con un margen enorme. En un discurso, Roosevelt había proclamado: "Les prometo, me prometo a mí mismo, un nuevo trato para el pueblo estadounidense". Ahora tenía que hacer honor a sus palabras.

FDR

Franklin Delano Roosevelt era una de las personas con menos probabilidades de convertirse en protector de los pobres. Había nacido en 1882 en una familia adinerada de clase alta. El presidente Theodore Roosevelt era su primo en quinto grado de consanguinidad. En 1921, Franklin Delano Roosevelt enfermó de polio y se le paralizaron las piernas. Nunca volvió a dar más de unos cuantos pasos y solo con soportes pesados de metal. Mantuvo esto oculto lo más que pudo.

Fue presidente durante más de doce años, pero nunca se dejó ver en público en silla de ruedas.

Capítulo 7
Grandes cambios

Cuando Roosevelt asumió el poder el 4 de marzo de 1933, le dijo a la nación que habría grandes cambios. El gobierno haría todo lo que fuera necesario para arreglar el país. Estaba dispuesto a experimentar. Trajo consigo a un grupo de asesores apodado el "brain trust", es decir, el cerebro de confianza.

Ellos propusieron todo tipo de ideas nuevas. El grupo incluía a Frances Perkins, su ministra de trabajo. Fue la primera mujer en tener un cargo en el gabinete de Estados Unidos.

Una de las primeras acciones de Roosevelt fue cumplir una promesa de su campaña. Derogó la Ley Seca. Esto no puso fin a la Depresión, pero ayudó a levantar el ánimo de las personas. También demostró que FDR tenía la intención de cumplir sus promesas.

ADIÓS
18.ª
ENMIENDA

Will Rogers

En los primeros cien días de la presidencia de Roosevelt, el estado de ánimo de la nación cambió. En menos de cuatro meses, el Congreso aprobó quince proyectos de ley importantes. Esta velocidad era insólita. Generalmente se pasaban semanas debatiendo antes de votar por un proyecto de ley. El popular comediante Will Rogers comentó: "El Congreso ya no aprueba leyes, solo las saluda con la mano al verlas pasar".

Un taller de capacitación
de FERA

Roosevelt se concentró en estas tres metas: asistencia, recuperación y reforma. Asistencia significaba ayuda. Sería lo primero. Las personas hambrientas o a punto de perder su vivienda no tenían tiempo de esperar a que surtieran efecto los cambios a largo plazo. Se debía hacer algo inmediatamente. "Las personas no comen a largo plazo", señaló un miembro del brain trust. "Comen todos los días".

Muchos de los proyectos de Roosevelt eran conocidos por sus iniciales, por lo que se les llamó "agencias alfabéticas". Tres de los primeros planes de asistencia fueron: La Agencia Federal de Asistencia de Emergencia (FERA, por sus siglas en inglés); la Administración de Obras Civiles (CWA, por sus siglas en inglés) y el Cuerpo Civil de Conservación (CCC, por sus siglas en inglés). FERA les dio dinero a las personas que lo necesitaban. También ofrecía capacitación laboral y trató de crear nuevos empleos. Hacia 1935, FERA había ayudado a más de veinte millones de trabajadores.

FERA también intentó hacer uso de los cultivos que se pudrían en las granjas. Creó maneras de llevar comida a las personas hambrientas. Y estableció el primer sistema nacional de almuerzos escolares.

La CWA creó empleos temporales para más de cuatro millones de trabajadores. Estos trabajadores construían y reparaban estructuras públicas como carreteras, escuelas, parques, puentes y letrinas.

La CCC estaba dirigida a jóvenes desempleados, como los vagabundos. Estos hombres se iban a vivir a campamentos en parques y bosques nacionales. Plantaban árboles, combatían incendios forestales y construían campamentos. Por las noches, muchos estudiaban para obtener diplomas de la escuela secundaria.

Una de las primeras cosas que hizo Roosevelt fue cerrar todos los bancos. Luego reabrió solo los que estaban estables. Esto les dio a los consumidores confianza en los bancos. Volvieron a usarlos otra vez.

En su primer discurso como presidente, Roosevelt dijo a los estadounidenses: "A la única cosa a la que tenemos que tener miedo es al mismo miedo". Ahora estaba haciendo que le creyeran.

Eleanor Roosevelt

Eleanor Roosevelt fue una primera dama muy inusual. Le ayudó a su esposo en el trabajo de gobernar el país. En el pasado, generalmente las primeras damas habían permanecido en segundo plano. Pero Eleanor daba discursos promoviendo las ideas de su esposo. También trabajaba por los derechos de la mujer y la igualdad racial. Tenía su propia columna en un periódico llamada "Mi día", que gozaba de popularidad.

Recibía al año alrededor de 300,000 cartas de estadounidenses que la veían como una amiga. Muchas provenían de niños. Le pedían una bicicleta, una máquina de escribir, dinero para el doctor o ropa decente para poder ir a la escuela. Eleanor no podía responder a todas estas cartas personalmente, pero trató de establecer programas que apoyaran a los niños y los ayudaran a permanecer en la escuela.

La segunda meta era la recuperación. Se refería a leyes para reactivar la economía. La más importante de ellas creó la Administración Nacional de Recuperación (NRA, por sus siglas en inglés). Esta animó a las empresas a que acordaran un salario mínimo, un límite de horas de trabajo y que acabaran con el

MIEMBRO DE LA

EE. UU.

HACEMOS NUESTRA PARTE

trabajo infantil. Solo las empresas que se unían a la NRA podían mostrar el águila de la NRA. La mayoría de las empresas querían demostrar que estaban cooperando. Esta fue una de las primeras veces en las que el gobierno estadounidense trató de controlar la relación entre trabajadores y empleadores.

La Ley de Ajuste Agrícola (AAA, por sus siglas en inglés) les pagaba a los agricultores para que limitaran la cantidad de alimentos que producían, y así no se desperdiciaran. La Corporación de Préstamos para Propietarios de Casas (HOLC, por sus siglas en inglés) ayudaba a prevenir que las personas perdieran sus casas. La Autoridad del Valle del Tennessee

(TVA, por sus siglas en inglés) construía presas en el río Tennessee, llevando electricidad e irrigación a un área que había carecido de ellas. Todavía existe en la actualidad.

La meta final de Roosevelt era la reforma. Consistía en leyes que garantizaran que nunca volviera a suceder otra Gran Depresión. Trató de controlar el tipo de riesgos que se les permitía asumir a los bancos. Y se aseguró de que el mercado bursátil les diera información completa a los inversionistas. Los controles que Roosevelt implantó duraron hasta 1999. Luego el Congreso les puso fin a muchos de ellos. Algunos economistas piensan que esto podría haber sido la causa de la crisis financiera que sacudió a Estados Unidos en 2008.

Los cambios radicales que Roosevelt hizo durante sus primeros cien días fueron llamados el Nuevo

Trato. Casi de inmediato, estos cambios produjeron una oleada de esperanza. Roosevelt comenzó a dar charlas informales por la radio, conocidas como "charlas junto a la chimenea". Muchos estadounidenses lo consideraban como un amigo que realmente se preocupaba por ellos.

Puesto que muchas personas confiaban en Roosevelt, comenzaron a tener fe en la economía otra vez. Ya no tenían miedo de contratar trabajadores o de gastar dinero. El desempleo comenzó a disminuir.

Pero después del entusiasmo de los primeros cien días, las cosas no siempre funcionaron del todo bien.

El crecimiento del movimiento obrero

El movimiento obrero estadounidense llegó a su madurez durante la Gran Depresión. Los críticos decían que el movimiento estaba siendo dirigido por los comunistas. Incluso algunas personas acusaban al presidente Roosevelt de ser uno de ellos. En 1917, una revolución comunista había derrocado al gobierno de Rusia. Los rusos afirmaron que estaban poniendo todo el poder del gobierno en manos de los trabajadores. Algunas personas del movimiento obrero estadounidense se inspiraron en las ideas de los comunistas. Pero muchos solo estaban interesados en ayudar a los trabajadores a los que se les pagaban sueldos demasiado bajos para vivir.

Durante la Depresión, muchos trabajadores se afiliaron a sindicatos para tener mayor poder de negociación con sus empleadores. Hubo muchas huelgas. Esto significa que los trabajadores se negaban a hacer su trabajo o no permitían que otras personas lo hicieran. Si todos los trabajadores acordaban hacer huelga, podían cerrar una fábrica hasta que se cumplieran sus demandas. Roosevelt enfureció a los adinerados hombres de negocios al apoyar a los sindicatos. Él decía: "Si yo trabajara en una fábrica, lo primero que haría sería afiliarme a un sindicato".

Capítulo 8
El Tazón de Polvo

A pesar de que crecía la esperanza, una nueva crisis comenzaba a generarse. El momento no podría haber sido peor. Desde 1930 casi no había llovido en la parte central del país. Las granjas de ese lugar tenían dificultades. Los cultivos se echaban a perder. Los animales de granja que no encontraban suficiente pasto para comer morían de hambre. Entonces vino algo todavía peor.

Durante el auge de los años veinte, los agricultores de las Grandes Llanuras habían removido el pasto de los campos para sembrar cultivos. Esto había dejado el suelo al descubierto. Ahora los campos estaban vacíos. Sin raíces que retuvieran la tierra seca, esta comenzó a levantarse en enormes tormentas de polvo. El día se hizo noche. Apenas se podía respirar, incluso bajo techo. Autos, casas y granjas enteras quedaron enterrados bajo enormes montones de arena. Después de una tormenta de polvo, las tierras de cultivo se veían tan secas y áridas como la luna.

En 1935, la comunidad agrícola tuvo su día "negro", así como el mercado bursátil lo había tenido seis años atrás. El domingo 14 de abril, hubo tormentas de polvo tan terribles, que fue llamado "Domingo Negro". El área destruida por las tormentas fue apodada el Tazón de Polvo. Muchas personas desarrollaron "pulmonía del polvo" cuando sus pulmones se llenaron de polvo. Hubo niños que se perdieron en las praderas y fueron enterrados vivos por el polvo. Un hombre escribió: "Vivimos con el polvo, nos lo comemos, dormimos con él". En ciudades tan lejanas como Nueva York,

a veces se tenían que encender las luces a mitad del día porque el polvo era demasiado denso.

El gobierno de Roosevelt intentó recuperar la tierra. Impidieron que los agricultores araran tantos pastizales. Se sembró pasto en millones de acres vacíos. La CCC plantó más de doscientos millones de árboles para que sirvieran como cortinas rompeviento. Y el gobierno contrató a expertos para que les enseñaran a los agricultores cómo cultivar sin dañar el suelo. Algunos agricultores no estaban dispuestos a escuchar consejos de extraños. Entonces, el gobierno comenzó a pagarles para que probaran los nuevos métodos.

Aquellos esfuerzos sí ayudaron. Pero era demasiado tarde para muchos agricultores. Aproximadamente una cuarta parte de las familias campesinas del Tazón de Polvo lo perdió todo. Muchos se apiñaron en sus autos y se dirigieron al Oeste rumbo a California, donde no había sequía, con la esperanza de encontrar trabajo en las granjas. Debido a que muchos de ellos venían de Oklahoma, eran conocidos despectivamente como los *"Okies"*, incluso si provenían de Texas o Arkansas.

Al poco tiempo, descubrieron que no había muchos empleos, ni siquiera en California. Y no eran bienvenidos. Los migrantes siempre habían trabajado duro. Pero muchos daban por hecho que eran vagos y los despreciaban. Otros estaban enojados con ellos por intentar ocupar los pocos empleos disponibles. El jefe de policía de Los Ángeles envió a 125 policías a la frontera de California para detenerlos antes de que pudieran ingresar al estado.

Dorothea Lange

En 1935, la fotógrafa Dorothea Lange fue contratada por una de las agencias alfabéticas de Roosevelt, la Administración de Seguridad Agrícola (FSA por sus siglas en inglés). Su trabajo consistía en fotografiar a los trabajadores migrantes. Sus fotos se ofrecían gratuitamente a los periódicos de todo el país. Esperaba que la nación se volviera más comprensiva al ver la miseria en la que vivían estas personas. Su fotografía más famosa se conoce como "Madre migrante".

Esta muestra a una mujer de treinta y dos años con sus dos hijos en un campamento de California. La mujer le dijo a Lange que acababa de vender las llantas de su auto para conseguir comida.

California sufría por la Depresión como todos los demás estados. No podía ocuparse de todas las familias desamparadas que llegaban día tras día. Cientos de trabajadores impacientes competían por cada trabajo agrícola. Esto hizo bajar los salarios tanto que nadie ganaba lo suficiente para vivir. Los trabajadores iban detrás de las cosechas de un lugar a otro y vivían en campamentos abarrotados donde reinaban las enfermedades.

El gobierno intentó ayudar. Construyó trece campamentos modelo. Estos campamentos estaban limpios, tenían agua corriente y eran administrados por los que vivían allí. Pero solo podían albergar a un pequeño número de personas, y no podían ofrecer empleo. A pesar de que el resto del país se recuperaba lentamente, los migrantes continuaron viviendo una situación desesperada hasta el fin de la Depresión.

Capítulo 9
Otros grandes cambios

En 1935, Roosevelt inició una segunda etapa de reformas. Pretendía disminuir la enorme diferencia entre ricos y pobres. Nuevas leyes intentaron proteger a los estadounidenses ancianos, débiles, enfermos o que no tenían trabajo. Una de las más importantes fue la Ley de la Seguridad Social. Esta les daba a los trabajadores dinero después de que se jubilaban. También les ofrecía dinero a las personas desempleadas o que no podían trabajar, y a las viudas y los huérfanos. Para financiar sus programas, Roosevelt aumentó el impuesto sobre la renta de los ciudadanos más ricos.

La Ley Nacional de Relaciones Laborales (NLRA, por sus siglas en inglés) trató de darles más poder a los trabajadores. Les garantizaba el derecho a afiliarse a los sindicatos y a hacer huelga si era

necesario, y obligaba a los empleadores a negociar con los sindicatos.

Una ley de 1935 creó la exitosa Administración del Progreso de Obras (WPA, por sus siglas en inglés). Esta continuó donde se había quedado la CWA. Los trabajadores eran contratados para construir o reparar bibliotecas, autopistas, oficinas de correos, museos y parques infantiles. Hoy en día hay muchos proyectos de la WPA en marcha en ciudades de todo el país.

La WPA hizo un esfuerzo especial para emplear a los artistas, escritores y músicos. Aún se pueden ver murales (pinturas en las paredes) de la WPA en muchos edificios públicos. Artistas tan conocidos como Jackson Pollock, Mark Rothko y Jacob Lawrence trabajaron en proyectos de la WPA. La WPA también produjo una serie famosa de guías de cada uno de los estados de EE. UU.

Algunos creían que Roosevelt estaba introduciendo ideas comunistas en el gobierno de EE. UU. Pero la mayor parte del país lo respaldaba. Ganó la reelección sin dificultad en 1936, triunfando en todos los estados salvo dos. Sin embargo, la Corte Suprema creía que algo de lo que hacía FDR iba en contra de la Constitución.

En 1935, la Corte había emitido un fallo en contra de algunas de las ideas claves del plan de recuperación de Roosevelt. Fue un duro golpe para él. Los nueve magistrados de la Corte Suprema estaban en el cargo de por vida, por lo que Roosevelt no podía deshacerse de los que estaban en desacuerdo con él. Entonces, en 1937, intentó añadir más magistrados. Quería designar magistrados simpatizantes que superaran el número de magistrados que estaban en su contra.

Esta vez, Roosevelt había ido demasiado lejos. El Congreso no le permitió designar nuevos magistrados. Sin embargo, al cabo de algunos años

varios magistrados se retiraron o murieron, así que Roosevelt de todos modos pudo llenar la corte con sus aliados.

En 1940, Roosevelt se postuló a un tercer mandato. No había ninguna ley que se lo impidiera, pero ningún presidente lo había hecho. La Convención Nacional Demócrata se llevó a cabo en Chicago. Roosevelt escribió una carta diciéndoles a los delegados, es decir, a las personas que eligen al candidato, que dependía de ellos. Decidirían si él debía apartarse o seguir. De pronto una voz gritó: "Queremos a Roosevelt. ¡El mundo quiere a Roosevelt!". Fue nominado al instante por una gran mayoría. (Más adelante se descubrió que aquella voz era la del Superintendente de Alcantarillas de Chicago).

Capítulo 10
¡Guerra!

Roosevelt fue elegido para su tercer mandato. Se había convertido en presidente prometiendo poner fin a la Depresión. Las cosas estaban mejorando. Pero aún no había acabado la Depresión. Sin embargo, los acontecimientos mundiales de pronto le impidieron poder enfocarse solamente en la economía de Estados Unidos.

La Segunda Guerra Mundial había comenzado en Europa en 1939. Los nazis en Alemania y sus partidarios en Italia y Japón estaban invadiendo otros países. Parecía que el mundo entero estaba amenazado. Muchos estadounidenses

El líder nazi Adolfo Hitler

esperaban mantenerse al margen de la guerra. Roosevelt les prometió que haría todo lo posible por evitar que los estadounidenses tuvieran que combatir. Pero probablemente se dio cuenta de que, a la larga, Estados Unidos se involucraría en la batalla.

El 7 de diciembre de 1941, Japón bombardeó Pearl Harbor, en Hawái, y Estados Unidos se vio obligado a declararle la guerra.

El plan de Roosevelt para acabar con la Depresión siempre había sido crear tantos empleos como fuera posible. Pero nunca había sido capaz de ofrecer suficientes empleos para todos. Ahora, con la llegada de la guerra, el desempleo desaparecía. Cada vez más hombres se alistaban en el ejército. Se necesitaban otras personas para reemplazarlos en sus puestos de trabajo. Y se necesitaba a un gran número de trabajadores para construir buques, aviones y armas para combatir en la guerra. De repente, la gran cantidad de trabajadores desempleados resultó ser poca para cubrir todos los puestos de trabajo.

El Astillero Naval de Brooklyn construía y reparaba buques de guerra. Empleaba a más de 65,000 personas, que trabajan en unos 1,500 buques al año.

En todo el país, lugares como el Astillero Naval de Brooklyn necesitaban la mayor cantidad de trabajadores posible. Enviaban camiones con altavoces pidiéndoles a las personas que aceptaran un trabajo y apoyaran la guerra. De pronto, las mujeres y las minorías tenían nuevas oportunidades.

Eran necesarios para hacer trabajos a los que no habían tenido acceso antes de la guerra. Un cartel famoso mostraba a "Rosie la remachadora", una orgullosa trabajadora de la construcción.

La Segunda Guerra Mundial fue una época terrible en la historia del mundo y trajo nuevas formas de sufrimiento desconocidas en la década del treinta. Pero económicamente, puso fin a la Gran Depresión. Para el momento en que Estados Unidos salió de la guerra, ya se había convertido en la nación más rica de la tierra.

Capítulo 11
El poder del presidente

En los años anteriores a la guerra, Roosevelt había tenido más poder que cualquier otro presidente de Estados Unidos en tiempos de paz. En tiempos de guerra, el Congreso puede votar para darle al presidente poderes adicionales para que pueda ocuparse de la crisis. Cuando fue elegido, FDR le pidió al Congreso que pensara en la batalla contra la Gran Depresión como si fuera una guerra. Necesitaba que le dieran todo el poder que otros presidentes solo habían tenido en tiempos de guerra. Quería, "un poder ejecutivo amplio para librar la guerra contra la necesidad, tan grande como el poder que se me daría si en realidad hubiésemos sido invadidos por un enemigo extranjero".

Algunos historiadores piensan que FDR fue más allá de lo que permite la Constitución. Incluso

La Constitución

algunos de sus partidarios lo han calificado como un dictador servicial. (Un dictador es un líder de un país que hace exactamente lo que quiere sin obtener la aprobación de nadie).

Roosevelt cambió totalmente lo que espera Estados Unidos del gobierno. Antes de él, la mayoría de los estadounidenses pensaba que el gobierno no tenía por qué involucrarse en la vida de las personas. Roosevelt les hizo pensar que el gobierno es responsable de asegurarse de que todos los ciudadanos tengan las cosas básicas que necesitan para sobrevivir, como comida, educación y un techo. Como señaló el economista Arthur Schlesinger, ahora es imposible imaginar a Estados Unidos como un país que no ayuda a los estadounidenses que se ven envueltos "sin tener culpa alguna, en miseria económica o social".

La Gran Depresión fue uno de los peores momentos en la historia de la nación. Las personas tenían miedo de que la nación colapsara. Un periodista se preguntaba: "¿Tendremos pronto que organizar a nuestras familias para luchar físicamente contra el mundo por la comida, por conservar un refugio o por conservar nuestros bienes?".

Roosevelt se dio cuenta del enorme peligro que enfrentaba el país. Durante sus primeros cien días en el cargo, un visitante le dijo:

—Señor presidente, si su programa tiene éxito, usted será el presidente más grande de la historia estadounidense. Si fracasa, usted será el peor.

—Si fracasa —respondió Roosevelt—, seré el último.

Afortunadamente, eso no sucedió.

Los últimos días de FDR

En 1944, Roosevelt fue elegido presidente para un cuarto mandato. Quería asegurarse de que cuando terminara la Segunda Guerra Mundial, el mundo fuera un lugar más seguro y más pacífico. Ayudó a crear la organización de las Naciones Unidas. Fue diseñada como un lugar de encuentro para todos los países del mundo. Podían reunirse y resolver sus problemas hablando en vez de luchar. Para entonces, la salud de Roosevelt estaba decayendo.

Roosevelt solo sobrevivió durante tres meses de su cuarto mandato. Su vicepresidente, Harry Truman, finalizó el mandato por él. Cuando FDR falleció, los estadounidenses lamentaron su muerte y lo recordaron como el hombre que había salvado a la nación. El periódico *The New York Times* escribió: "Durante los próximos cien años los hombres agradecerán a Dios de rodillas que Franklin D. Roosevelt haya llegado a la Casa Blanca".

Harry Truman ganó las siguientes elecciones y fue presidente hasta 1953.

Harry S. Truman

Línea cronológica de la Gran Depresión

1920 —Treinta y ocho personas mueren cuando unos anarquistas bombardean Wall Street.

1929 —En marzo, Herbert Hoover se convierte en presidente.
El 29 de octubre, la Bolsa se desploma a su nivel más bajo.

1930 —En un período de diez meses, quiebran 744 bancos de Estados Unidos.

1931 —El gobernador de Nueva York, Franklin D. Roosevelt, crea la Administración Temporal de Asistencia de Emergencia (TERA, por sus siglas en inglés) para ayudar a trabajadores desempleados.

1932 —En mayo, miles de veteranos marchan en Washington exigiendo el pago del bono.
En noviembre, Franklin D. Roosevelt es elegido presidente.

1933 —El Congreso aprueba la ley del Nuevo Trato de Roosevelt.
En diciembre, se deroga la Ley Seca.

1935 —El 14 de abril, el Medio Oeste es azotado por las peores tormentas de polvo de su historia.

1936 —Roosevelt es reelegido para un segundo mandato.

1937 —Se crea el Cuerpo Civil de Conservación (CCC).

1938 —Se establece por primera vez en Estados Unidos un salario mínimo legal.

1940 —Roosevelt se convierte en el primer presidente de Estados Unidos en ser elegido para un tercer mandato.

1941 —Los japoneses bombardean Pearl Harbor. Estados Unidos entra en la Segunda Guerra Mundial al día siguiente.

1944 —Roosevelt es elegido para un cuarto mandato.

1945 —El presidente Roosevelt muere estando en el poder.

Línea cronológica del mundo

Se inicia la Ley Seca.	1920
Aparece por primera vez el personaje de tira cómica Popeye.	1929
Se termina la construcción del edificio Empire State.	1931
Se elige a la primera mujer para el Senado de EE. UU.	1932
Hitler se convierte en canciller de Alemania.	1933
Se juega el primer juego nocturno de béisbol de las grandes ligas.	1935
En mayo, se incendia el *Hindenburg* en Nueva Jersey. En julio, Amelia Earhart desaparece al intentar volar alrededor del mundo. En diciembre, Eduardo VIII abdica como rey de Inglaterra en favor de su hermano Jorge VI.	1937
Se inventa el bolígrafo. En noviembre, los nazis destruyen miles de hogares y empresas judías durante "Kristallnacht".	1938
Se inicia la Segunda Guerra Mundial.	1939
Winston Churchill se convierte en el primer ministro de Inglaterra.	1940
Se completa el tallado del monte Rushmore.	1941
El monte Vesubio entra en erupción cerca de Pompeya, Italia.	1944
La Alemania Nazi se rinde formalmente en el día de la Victoria en Europa.	1945

Colección ¿Qué fue...? / ¿Qué es...?

El Álamo	La isla Ellis
La batalla de Gettysburg	La Marcha de Washington
El Día D	El Motín del Té
La Estatua de la Libertad	Pearl Harbor
La expedición de Lewis	Pompeya
y Clark	El Primer Día de Acción
La Fiebre del Oro	de Gracias
La Gran Depresión	El Tren Clandestino

Colección ¿Quién fue...? / ¿Quién es...?

Albert Einstein	La Madre Teresa
Alexander Graham Bell	Malala Yousafzai
Amelia Earhart	María Antonieta
Ana Frank	Marie Curie
Benjamín Franklin	Mark Twain
Betsy Ross	Nelson Mandela
Fernando de Magallanes	Paul Revere
Franklin Roosevelt	El rey Tut
Harriet Beecher Stowe	Robert E. Lee
Harriet Tubman	Roberto Clemente
Harry Houdini	Rosa Parks
Los hermanos Wright	Tomás Jefferson
Louis Armstrong	Woodrow Wilson

Una *flapper* (chica en la década de 1920) y su pareja bailan.

Multitudes fuera de la Bolsa de Valores de Nueva York
después de su desplome

© SuperStock

Interior de la Bolsa de Valores de Nueva York

BROOKLYN DAILY EAGLE
And Complete Long Island News

LATE NEWS
WALL STREET
1:15 PRICES ★ ★

89th YEAR—No. 295. ★ NEW YORK CITY, THURSDAY, OCTOBER 24, 1929. ★ REISSUE 32 PAGES THREE CENTS

WALL ST. IN PANIC AS STOCKS CRASH

Attempt Made to Kill Italy's Crown Prince

STOCKS CRASH
IN RUSH TO SELL;
BILLIONS LOST

ASSASSIN CAUGHT
IN BRUSSELS MOB;
PRINCE UNHURT

Hollywood Fire
Destroys Films
Worth Millions

FEAR 52 PERISHED
IN LAKE MICHIGAN;
FERRY IS MISSING

PIECE OF PLANE
LIKE DITEMAN'S
IS FOUND AT SEA

High Duty Group
Gave $700,000 to
Coolidge Drive

CARNEGIE CHARGE
OF PAID ATHLETES
ROUSES COLLEGES

HOOVER'S TRAIN
HALTED BY AUTO
PLACED ON RAILS

WARDER SOUGHT
TO KEEP SEA TRIP
SECRET, AID SAYS

SOMERS NAMED
AS HEAD OF NEW
EXCHANGE BANK

Titular de un periódico del primer día del desplome de la Bolsa

Máquina de teletipo

El presidente Herbert Hoover

La presa Hoover y el lago Mead

El presidente Franklin D. Roosevelt y su esposa

Fila para recibir comida en la ciudad de Nueva York

Fila para recibir comida en Los Ángeles

Hombres desempleados comen pan y sopa en un centro de beneficencia.

Hombres sin hogar lavan su ropa en un barrio de invasión.

Niños llevan pancartas durante una manifestación de la Alianza de los Trabajadores.

Una tormenta de polvo azota un pueblo en 1937.

Una granja de Texas en la época de las tormentas de polvo

Una mujer y sus hijos en una cooperativa de la Administración
de Seguridad Agrícola

"*Okies*" viajan hacia el Oeste.

La famosa foto de una madre migrante tomada por Dorothea Lange

Protesta por los bonos del Ejército en el Capitolio de EE. UU.

Marcha de veteranos en Washington

HE SAVED AMERICA

El presidente Roosevelt
en una de sus "charlas
junto a la chimenea"

Insignia de la toma de
posesión de Franklin
Delano Roosevelt en 1937

Artistas de la WPA trabajan en un mural en la ciudad
de Nueva York en 1935.

Buques de la Armada de EE. UU. quemándose luego del ataque japonés en Pearl Harbor.